PELIGRO
EN EL DESIERTO

Timothy J. Bradley

T0136534

Consultants

Timothy Rasinski, Ph.D.
Kent State University

Lori Oczkus
Consultora de alfabetización

William B. Rice
Autor de Ciencias Naturales
y consultor

Basado en textos extraídos de
TIME For Kids. TIME For Kids y el logotipo
de *TIME For Kids* son marcas registradas
de TIME Inc. Utilizados bajo licencia.

Créditos de publicación

Dona Herweck Rice, *Jefa de redacción*
Conni Medina, *Directora editorial*
Lee Aucoin, *Directora creativa*
Jamey Acosta, *Editora principal*
Lexa Hoang, *Diseñadora*
Stephanie Reid, *Editora de fotografía*
Rane Anderson, *Autora colaboradora*
Rachelle Cracchiolo, *M.S.Ed.,*
    Editora comercial

Créditos de imágenes: pág. 51 (abajo a la
derecha) Cyril Ruoso/Minden Pictures/Corbis;
págs. 4, 12–13, 15 (abajo), 16–17, 20–21 Getty
Images; págs.12–13 National Geographic/
Getty Images; págs. 25 (izquierda), 49 (abajo)
iStockphoto; pág. 42 (abajo a la derecha) AFP/
Getty Images/Newscom; pág. 22 imagebroker/
Jochen Tack/Newscom; pág. 40 Evolve/
Photoshot/Newscom; págs. 30, 35 REUTERS/
Newscom; págs. 8–9 NASA; pág. 15 (arriba)
Bluecornstudios; pág. 51 (centro derecha)
Toedrifter/Wikimedia; pág. 49 (arriba) Stan
Shebs [CC-A-SA]; págs.16–21 (ilustraciones)
Timothy J. Bradley; Todas las demás imágenes
son de Shutterstock.

Teacher Created Materials
5301 Oceanus Drive
Huntington Beach, CA 92649-1030
http://www.tcmpub.com
ISBN 978-1-4333-7130-1
© 2013 Teacher Created Materials, Inc.
Printed in China
Nordica.082019.CA21901021

Tabla de contenido

buitre

El desierto peligroso

El desierto es un lugar muy duro. El sol se siente más caliente bajo el viento seco. La tierra está **reseca** y agrietada, con poco alimento para aquellos que intentan sobrevivir allí. Un desierto es un área que recibe menos de 10 pulgadas de lluvia o nieve por año. Es un lugar hostil para cualquier planta o animal. Pero el desierto no está desierto. Miles de **especies** viven allí.

PARA PENSAR

→ ¿De qué maneras las plantas y los animales se han adaptado para sobrevivir en el desierto?

→ ¿En qué se parecen y diferencian las plantas y los animales del desierto?

→ ¿Cuáles son las mayores amenazas para las plantas y los animales que viven en el desierto?

El nacimiento de un desierto

Hay muchas razones por las que se forman los desiertos. Algunos desiertos se desarrollan de forma natural con el tiempo. Otros se forman debido a la actividad humana. Los desiertos naturales tienden a desarrollarse a grandes **altitudes** donde el aire es poco denso y seco. En estas condiciones crecen menos plantas. Menos plantas significa que llega más luz del sol al suelo. La tierra se calienta y se seca, creando un desierto.

La **deforestación** también puede causar la formación de desiertos. Cuando se talan grandes áreas de árboles queda un campo vacío. El viento se lleva la tierra. Las plantas no pueden crecer sin tierra. Sin plantas, sólo puede haber desierto.

Algunos de los mayores desiertos del mundo fueron una vez grandes bosques.

juntos

Los desiertos se forman a menudo cerca de las montañas. Una cadena montañosa alta impide que llegue a la tierra en el otro lado la brisa fresca y húmeda del océano. Esto crea unas condiciones muy secas.

montañas

bloqueo de brisa

desierto

océano

Desertificación

Los desiertos pueden ser lugares peligrosos para las personas que viven en ellos. Pero también afectan a las personas que no viven cerca de uno. Cuando ocurre la **desertificación** la tierra sustenta menos la vida. Eso nos pone a todos en peligro. Los seres humanos no pueden cultivar la tierra. Y si no podemos cultivar la tierra, no podemos comer. Los animales pierden su fuente de agua porque se seca la tierra. Algunas especies pueden extinguirse. Científicos de todo el mundo están estudiando los desiertos de cerca. Hacen un seguimiento de las zonas del mundo en peligro de desertificación.

el mar de Aral en Uzbekistán, 2000

Los científicos usan satélites para ver la Tierra desde arriba. Al tomar mediciones a lo largo del tiempo pueden ver cómo cambia el terreno. Estas fotografías muestran la disminución de un lago. La tierra se está secando, haciendo que el lago se haga más y más pequeño.

Once años después

el mar de Aral en Uzbekistán, 2011

Casi el 25 por ciento de la tierra en nuestro planeta está experimentando la desertificación.

Los animales del desierto

Cada tipo de animal del desierto se enfrenta a sus propios retos. Los mamíferos del desierto deben hacer frente a las altas temperaturas y a la poca agua. A menudo digieren los alimentos rápidamente y necesitan comer frecuentemente. Sus cuerpos **homeotermos** requieren mucha agua para controlar la temperatura de sus cuerpos.

Los reptiles, como las lagartijas y las serpientes, viven a menudo en el desierto. Debido a que son **ectotermos** utilizan el sol para calentarse. Escamas refrigerantes cubren sus cuerpos. Cuando las condiciones del desierto se vuelven muy difíciles, se quedan **aletargados.** Pueden vivir con el agua y los nutrientes almacenados en sus cuerpos.

Los insectos y las arañas viven en casi todas partes en la Tierra. Se pueden encontrar en la arena y las rocas calientes del desierto. Tienen **exoesqueletos** duros en sus cuerpos que los ayudan a mantener el agua en su interior.

El desierto es el hogar de animales que no se encuentran en ninguna otra parte en la Tierra.

Todo está en las jorobas

Los camellos son famosos por su habilidad para sobrevivir en el desierto. Pueden estar sin agua durante días y son útiles para el transporte de cargas pesadas.

Escorpión peludo gigante

Este gran **artrópodo** evita el sol. Al escorpión peludo gigante le gusta esconderse debajo de las piedras o bajo tierra para evitar el calor del desierto. Recibe su nombre por los pelos que cubren su cuerpo. Estos pelos sienten las vibraciones de la tierra y ayudan al escorpión a encontrar a su **presa**. Con seis pulgadas de largo este escorpión es lo suficientemente grande como para atrapar y comer lagartos, serpientes e incluso otros escorpiones. Las garras delanteras aplastan a la presa. El gran aguijón en el extremo de la cola inyecta **veneno**. El veneno del escorpión **paraliza** o mata.

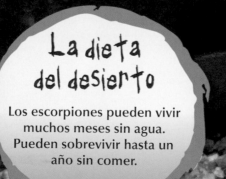

La dieta del desierto

Los escorpiones pueden vivir muchos meses sin agua. Pueden sobrevivir hasta un año sin comer.

!Yum, Yum!

En China el escorpión frito es un alimento popular. ¡Los exoesqueletos están ricos y crujientes!

Un escorpión peludo devora un geco.

Correcaminos norteño

El correcaminos norteño puede volar, pero prefiere jugar en el suelo con sus fuertes piernas. Este pájaro de dos pies de largo se encuentra en desiertos norteamericanos corriendo a toda velocidad por el terreno rocoso en busca de comida. El correcaminos se alimenta de insectos, reptiles y pájaros pequeños. Los correcaminos norteños pueden correr a 20 millas por hora cuando persiguen a sus presas. Las agarran con sus fuertes picos y las golpean contra el suelo hasta que están muertas.

Una famosa ave

Los correcaminos aparecen en muchas historias contadas por los vaqueros. Hay incluso un famoso personaje de dibujos animados basado en el correcaminos. ¡Bip! ¡Bip!

un correcaminos joven comiéndose a una lagartija

Demonio veloz

El correcaminos puede que sea un corredor rápido, pero la medalla de oro de las aves veloces va para el avestruz. ¡Esta gran ave puede correr a más de 40 millas por hora!

El correcaminos utiliza su larga cola para mejorar su dirección mientras corre.

Crótalo cornudo

Al igual que alguien podría ir de puntillas descalzo sobre una acera caliente, el crótalo cornudo se mueve cuidadosamente por la arena. Se abre paso a través del desierto tocando el suelo solo en dos lugares a la vez. Este extraño movimiento deja una trayectoria curva en la arena y mantiene a la serpiente más fría.

El crótalo cornudo utiliza un cascabel en la punta de su cola para ahuyentar a posibles atacantes. Los adultos usan la cola como una especie de **señuelo**. Para un animal del desierto con hambre, la cola puede parecer un sabroso gusano o una polilla. El desprevenido animal puede que se acerque más para encontrar su comida. Pero la picadura mortal del crótalo cornudo le demostrará que se equivoca.

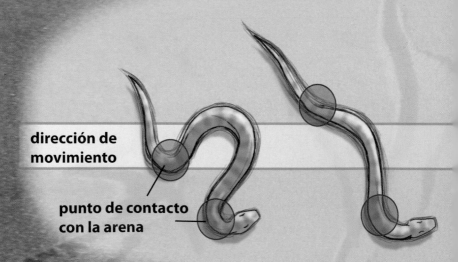

dirección de movimiento

punto de contacto con la arena

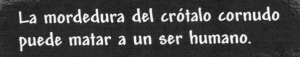

La mordedura del crótalo cornudo puede matar a un ser humano.

Los orígenes de la serpiente

No hay una gran cantidad de fósiles de serpientes disponible debido a que sus restos no se conservan fácilmente. Pero los científicos creen que pueden haber evolucionado a partir de lagartos subterráneos.

Mandíbulas para quebrar

Las serpientes no pueden masticar los alimentos. En su lugar, deben tragárselos enteros. Una mandíbula inferior hecha de dos piezas separadas, una a cada lado de la cabeza, permite que las serpientes traguen alimentos mucho más grandes que sus cabezas. Las pitones de gran tamaño son capaces de matar y comerse a un ciervo... o a un ser humano.

La saliva de la serpiente hace más suave a la presa.

Las mandíbulas de la serpiente se expanden para comer a presas más grandes.

Los dientes de la serpiente se mueven hacia atras y hacia adelante por la presa según avanza hacia el esófago.

La piel de la serpiente y los órganos se expanden para acomodar el tamaño de la presa.

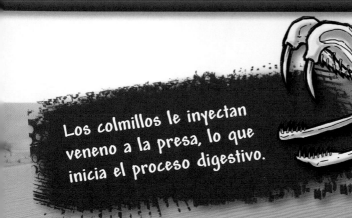

Los colmillos le inyectan veneno a la presa, lo que inicia el proceso digestivo.

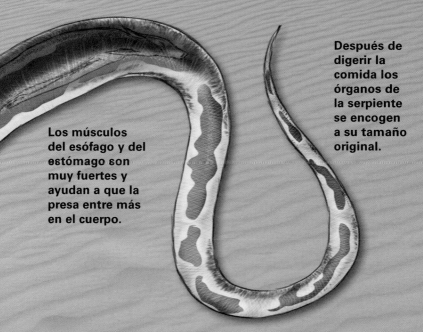

Los músculos del esófago y del estómago son muy fuertes y ayudan a que la presa entre más en el cuerpo.

Después de digerir la comida los órganos de la serpiente se encogen a su tamaño original.

La temperatura corporal de la serpiente se eleva, lo que acelera la digestión.

Esta ilustración muestra el proceso de una serpiente que se come a un ciervo.

Dingo

Los dingos son perros que viven en el duro **interior** de Australia. Los trajeron en barcos desde Asia hace miles de años. Desde entonces han vivido separados de la gente y de los perros domesticados. Al vivir por su cuenta se convirtieron en una nueva especie de perro, un perro *salvaje*.

Los dingos son los mayores **depredadores** de Australia. Se cree que es la razón por la que muchos animales australianos nativos se han **extinguido**. Los lagartos, los insectos y los mamíferos son sus presas favoritas. Los dingos aprenden rápido y son inteligentes. A veces trabajan en grupo. Juntos pueden derribar animales grandes y rápidos como los canguros.

Una familia de cachorros de lobo no puede encontrar a su madre.

Los seres humanos cuidan a los cachorros de lobo. Son demasiado monos para dejarlos solos.

De nuevo salvajes

La gente ha vivido con perros desde hace miles de años. Nadie sabe a ciencia cierta cómo ocurrió, pero con el tiempo los perros se **domesticaron**. Los usamos para ayudar a hacer nuestra vida más cómoda. Esto es lo que pudo haber sucedido.

Los seres humanos protegen a los lobos que son más serviciales y amables. Estos lobos tienen más crías, que son recibidas por los seres humanos.

Con el tiempo los lobos se vuelven más similares a los perros. Empiezan a vivir con los humanos todo el tiempo.

Otros lobos visitan a los humanos. Disfrutan comiendo las sobras de los humanos.

Una vez solos, los perros se vuelven salvajes de nuevo. Los dingos feroces evolucionaron durante miles de años.

Secretarios

Estas aves depredadoras de largas patas rapiñan en el desierto y los **matorrales** en África. Buscan mamíferos, reptiles e insectos para comer. Los secretarios tienen unos cuatro pies de altura. Son de color gris, negro y blanco; la cara es de color rojo brillante.

Estas aves encuentran presas pisoteando el suelo. Asustan a pequeños animales e insectos para que corran. Entonces, atacan a sus presas con sus picos ganchudos y se las tragan enteras.

Aves no voladoras

Los secretarios pasan gran parte de su tiempo en la tierra, pero todavía tienen la capacidad de volar. Algunos pájaros no pueden volar. Las alas del pingüino, por ejemplo, se han convertido en aletas para ayudarles a "volar" debajo del agua. Los kiwis y las avestruces tienen alas que se han hecho demasiado pequeñas para ser útiles. En su lugar se pasan todo el tiempo en el suelo.

kiwi

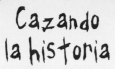

Cazando la historia

Los científicos estudian a los secretarios para aprender sobre el comportamiento de las aves extintas. Los pájaros antiguos puede que hayan cazado de la misma forma que los secretarios en la actualidad.

Estas aves obtuvieron su nombre debido a que las plumas de su cabeza les recordaban a los científicos a las plumas que los secretarios solían llevar tras las orejas.

Sonidos del desierto

El desierto está lleno de sonidos extraños. ¡Todos los animales, incluyendo los seres humanos, necesitan saber qué sonidos son seguros y cuáles significan problemas!

Serpientes de cascabel

Las serpientes de cascabel hacen un sonido muy distinto. Cuando se sienten amenazadas, las serpientes de cascabel sacuden su cola como advertencia. El sonido de una serpiente de cascabel suena como el sonajero de un bebé.

Abejas

Si escuchas un zumbido podría ser cualquier número de insectos inofensivos. Sin embargo, si escuchas un montón de cosas zumbando juntas, puede ser que haya una colmena cerca. ¡Asegúrate de evitar esta zona!

Muflón canadiense

Cuando los muflones canadienses luchan por el territorio se dan cabezazos. Suena muy parecido a como cuando alguien golpea dos trozos de madera. El muflón canadiense puede ser similar a las ovejas normales, ¡pero sus cuernos son peligrosos!

Coyotes

Pueden parecerse a los perros, pero los coyotes pueden ser muy peligrosos. Es inteligente evitarlos, especialmente cuando están juntos. Los coyotes se parecen mucho a los perros, excepto que su sonido es más un "yip" que un "guau". Los coyotes también tienen aullidos agudos.

¡ALTO! PIENSA...

● ¿Qué tienen estos sonidos del desierto en común?

● ¿Cómo protegen los sonidos de los animales a quienes los hacen?

● ¿Qué sonido harías para protegerse en el desierto?

Inundaciones repentinas

La lluvia en el desierto puede ser mortal. Las tormentas repentinas pueden causar inundaciones repentinas. Si oye truenos asegúrese de que no está cerca de un arroyo, ¡incluso si el cauce está seco!

Tarántula

Al igual que otros artrópodos, las tarántulas no tienen columna vertebral. Tienen exoesqueletos que se adhieren a sus músculos. Estas arañas enormes son grandes cazadoras. ¡La envergadura de las patas puede llegar a las 12 pulgadas! Se alimentan de insectos y animales tan grandes como lagartos y ratones. Usan sus colmillos para inyectar veneno a sus presas. Aunque tienen muchos pares de ojos, no ven bien. En su lugar confían en **setae** sensibles. Estos diminutos pelos las ayudan a sentir el mundo que las rodea. Algunas tarántulas tienen estructuras que producen seda. Se encuentran en las patas para ayudarlas a subir y aferrarse a superficies lisas. Algunas tarántulas tienen una capa de pelos con púas. Pueden quitárselas cuando están amenazadas. Inhalar los pelos pueden matar a los depredadores.

La tarántela es una danza popular italiana de ritmo rápido. Se creía que curaba a la víctima de una picadura de tarántula.

¡Batido!

El veneno incluye una potente sustancia química que licúa las víctimas. Esto les facilita a las tarántulas aspirar a su presa por su boca, que tiene forma de popote.

27

Tecolotes llaneros

El tecolote llanero se encuentra en los desiertos y otras áreas abiertas y secas. Durante el día estos búhos se esconden en madrigueras abandonadas de perritos de las praderas y otros animales. Cazan desde el atardecer hasta el amanecer sentados en una posición privilegiada sobre el suelo. Su vista y su oído agudos les hacen sentir los movimientos de la presa en el suelo. Sus presas favoritas incluyen a los insectos y a los mamíferos como los ratones. Esperan hasta el momento adecuado. Luego, se abaten sobre ellos.

búho cornudo

Animal tradicional

Las culturas de todo el mundo consideran a los búhos de diferentes maneras. Algunas ven a esta criatura voladora como un mal **presagio**. Otros ven al búho como una figura de sabiduría. Cualesquiera que sean las **supersticiones** que pueda haber, lo cierto es que los búhos son depredadores que matan plagas de roedores.

¡Qué ojos tan grandes tienes!

Los ojos del búho son enormes en comparación con el tamaño de sus cráneos. En lugar de redondos son con forma tubular. Debido a esta extraña forma de sus ojos los búhos no pueden girarlos en sus cuencas. Deben girar toda la cabeza para mirar lo que no está directamente enfrente de ellos.

tecolote llanero

Gato montés

Puede parecer un gato doméstico. Sin embargo, este gatito tiene una mordedura mortal. El gato montés tiene el doble del tamaño de los gatos que los humanos tenemos como mascotas. Los gatos monteses pueden llegar a pesar hasta 30 libras. Tienen orejas **copetudas** y una cola rechoncha. Los gatos monteses cazan desde el atardecer hasta la medianoche. Después, salen por segunda vez de madrugada. Comen cualquier cosa que puedan atrapar y matan animales mucho más grandes que ellos. Pueden derribar a sus presas de un solo salto.

Cerca de la extincion

El lince ibérico, un pariente del gato montés, está cerca de la extinción. Si muere, será uno de los primeros felinos grandes en desaparecer desde los dientes de sable. El dientes de sable se extinguió hace 10,000 años.

lince ibérico

gato montés

Historia con manchas

Los gatos monteses aparecen en el folclore nativo americano. En una historia, un gato atrapa a un conejo en un árbol y le persuade para que encienda un fuego. Las brasas queman la piel del gato montés. La leyenda dice que por eso el gato montés tiene manchas negras en su pelaje.

Al igual que muchos animales, los gatos monteses han encontrado formas de vivir en muchos ambientes, incluyendo los desiertos, los bosques y los suburbios humanos.

Después de que anochezca

No verás muchos animales corriendo por el desierto durante el día. Los animales del desierto saben que han de ocultarse del sol durante las horas más calurosas del día. La mayoría de los animales del desierto son **nocturnos**. Estos animales tienen **adaptaciones** que hacen que vivir en la oscuridad sea más fácil para ellos.

conejo del desierto

Algunos animales que se cree que son nocturnos son en realidad **crepusculares**. Estos animales son más activos durante el crepúsculo, cuando las temperaturas son más suaves.

geco bibronii

Los ojos grandes permiten a los depredadores espiar a las presas en la oscuridad de la noche.

jerbos

Algunos animales nocturnos tienen orejas enormes. Las orejas grandes ayudan a los animales a mantenerse frescos perdiendo calor corporal.

zorro del desierto

Las orejas grandes también ayudan a mejorar la audición para la caza y evitar el peligro en la oscuridad.

33

Langosta del desierto

Estos grandes comelones son un tipo de saltamontes. Viven en África, Oriente Próximo y la India. Dondequiera que estén, las langostas del desierto tienen hambre.

Las langostas se reproducen rápidamente. Las langostas jóvenes se juntan en **enjambres**. Un enjambre puede volar cientos de kilómetros por la noche, transportado por el viento. Un gran enjambre puede destruir cultivos, sin dejar nada atrás que comer para los humanos. Las langostas en enjambres son **caníbales**. Un enjambre de miles de millones de langostas significa que siempre hay una fuente de alimento de fácil acceso, ¡ellas mismas!

Un sabroso manjar

A veces, el cazador se convierte en presa. Las langostas puede que se coman los cultivos humanos, pero los humanos también comen langostas en varias partes del mundo.

Surcando el cielo

El mayor enjambre de langostas conocido cubría 400 millas cuadradas y estaba formado por cerca de 40,000 millones de insectos. Enjambres más pequeños pueden cubrir varios kilómetros cuadrados.

Los científicos están probando una amplia variedad de métodos para matar a las langostas.

El clima salvaje

El clima es una fuerza poderosa en el desierto. Las langostas y otros animales a menudo encuentran comida después de las tormentas. Cuando los vientos cambian cada animal sabe ponerse a cubierto. La mayoría de las tormentas del desierto suceden en los meses de verano.

¡Incluso en los desiertos más calurosos a veces nieva también!

Fuerzas poderosas

Los vientos del desierto pueden ser extremos, alcanzando velocidades de más de 100 millas por hora. Las grandes tormentas de polvo conocidas como *habubs* pueden apoderarse del cielo.

Fuertes lluvias

Los monzones son provocados por los cambios estacionales de los vientos. Estos cambios pueden causar que fuertes vientos soplen entre el océano y la tierra, trayendo fuertes lluvias estacionales.

Cambios rápidos

Demasiada lluvia puede causar inundaciones peligrosas. Los suelos secos y rocosos generalmente no absorben mucha agua. Puede ocurrir una inundación repentina a los pocos minutos u horas de lluvias intensas. Algo tan pequeño como un torrente de seis pulgadas de agua puede derribar a un hombre.

León de montaña

Los leones de montaña son **depredadores al acecho**. Se sientan y esperan hasta que sea el momento adecuado. Luego, sorprenden a sus víctimas. Usan sus fuertes piernas para capturar a sus presas. Sus aplastantes mandíbulas producen una mordedura mortal en la parte posterior del cuello. Los leones de montaña se comen a cualquier criatura que puedan atrapar, desde pequeños insectos hasta ciervos mulo.

Los leones de montaña rara vez atacan a los seres humanos. Pero a medida que los seres humanos se mueven por sus territorios, puede que se acostumbren más a la gente. Estos grandes felinos pueden empezar a ver a los humanos como otra fuente de alimento.

Defender el territorio

Al igual que muchos otros animales, los leones defienden ferozmente su territorio. Marcan las zonas donde viven con un potente rastro para que otros leones sepan que han de mantenerse alejados. Algunos leones viven en el mismo territorio desde hace décadas.

Los leones de montaña viven en bosques y pantanos, así como en los desiertos.

Posibilidades para depredar

Durante aproximadamente un año, los investigadores en el Parque Nacional del Gran Cañón estudiaron a cuatro leones de montaña para aprender más acerca de lo que comen. El siguiente gráfico muestra lo que encontraron.

alces ciervos mulo otros

Número de Animales Comidos

14

12

10

8

6

4

2

León 1   León 2   León 3   León 4

Lagarto armadillo

Este lagarto blindado vive en los desiertos africanos. Cuando hay un peligro el lagarto armadillo enrosca su cola en la boca y se hace una bola. Escamas gruesas y cuadradas cubren su cuello y espalda. Lo mantienen a salvo de los pájaros, las serpientes y los mamíferos a los que les gusta comérselo.

A diferencia de otros lagartos, los lagartos armadillo no ponen huevos. Dan a luz a crías vivas y cuidan de ellas. Debido a que los lagartos armadillo son pequeños, **dóciles** y fáciles de cuidar, a veces se capturan y se venden en tiendas de mascotas.

lagarto armadillo

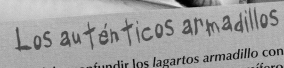

Los auténticos armadillos

No se debe confundir los *lagartos armadillo* con los *armadillos*. Los armadillos son los mamíferos más grandes que se encuentran en Norte, Centro y Sudamérica. Tienen bandas de coraza llamadas *placas*. Las placas están hechas de un hueso similar a los cuernos.

A todo color

Los lagartos dependen de su excelente sentido de la vista para ver a los depredadores y a las presas. Muchas especies de lagartos utilizan sus escamas de colores brillantes para comunicarse con otros lagartos.

agama

Una sed terrible

En casa tienes acceso a todo el agua que quieras beber con solo abrir el grifo. En el desierto nada es más importante que el agua. Los animales del desierto se han adaptado para encontrar agua en lugares que parecen completamente secos. Algunos pueden pasar días sin agua. Algunos consiguen agua solo de los alimentos que consumen. Y algunos simplemente nunca beben agua.

El diablo espinoso tiene ranuras delgadas en sus escamas. Los surcos captan el rocío en las noches frías. El agua gotea a la boca del lagarto.

Algunos animales como el jerbo nunca necesitan beber. Sobreviven con la humedad de las plantas y los insectos que comen.

Las aves pueden volar grandes distancias para encontrar agua.

Algunos animales del desierto viven cerca de un oasis, o pequeña masa de agua.

La mayoría de los insectos del desierto obtienen suficiente humedad del alimento para sobrevivir. Los exoesqueletos duros externos mantienen la humedad atrapada.

Las plantas en el desierto

Hay ciertas cosas que las plantas deben tener para sobrevivir. Tierra, aire, agua y luz solar: quita solo uno de estos elementos esenciales y las plantas no pueden existir. El desierto tiene un montón de tierra, aire y luz del sol, pero tiene poca agua. A diferencia de los animales las plantas no pueden moverse a un lugar con sombra. Tienen que sobrevivir al calor del sol y a las frías y duras noches. Deben almacenar el agua para que no se pierda en el aire seco del desierto. Algunas plantas extraordinarias se han adaptado a estos lugares muy secos.

Secretos de supervivencia

La gobernadora abre sus hojas durante la noche para atrapar las gotas de humedad. Durante el día los cierra para mantener la humedad. Sus largas raíces penetran en el suelo en busca de agua. Las raíces más cortas cerca de la superficie recogen el agua de la lluvia.

gobernadora

La mayoría de las plantas del desierto crecen cerca del suelo. No hay suficiente agua para que crezcan árboles grandes.

saguaros en el desierto de Sonora

cactus en flor

Cactus de barril

Incluso una planta puede tener una seria quemadura en el desierto. La forma redonda del cactus de barril le ayuda a absorber el agua sin que le dé demasiado el sol. El cactus barril crece a menudo lejos del sol para evitar las quemaduras peligrosas.

Muchas plantas pierden agua a través de sus hojas. Para sobrevivir en el desierto el cactus tiene espinas afiladas en lugar de hojas. Las espinas absorben la humedad del aire y la atrapan. Las sombras que hacen le proveen de un poco de sombra fresca bajo el sol mortal. Las espinas de cactus también los protegen de animales hambrientos.

En Kenia los cactus se utilizan para cercar las casas por seguridad. Las espinas afiladas mantienen fuera a los visitantes no deseados.

Un problema espinoso

Las espinas y púas se encuentran en muchos **organismos**. Disuaden a los depredadores. Un bocado de espinas duele. Los depredadores puede que pasen por alto una planta espinosa con la esperanza de encontrar una comida menos espinosa.

Un cactus de barril grande puede almacenar cerca de 12 galones de agua.

Trompillo

El trompillo es muy difícil de matar. Esta planta es capaz de crecer en un suelo con muy pocos nutrientes o agua. Es venenoso, lo que mantiene a los herbívoros a distancia. Las hojas y los tallos están cubiertos de pequeños pelos espinosos. También tiene **rizomas**. Estos tallos subterráneos pueden hacer nuevas plantas. Incluso si el tallo de la planta muere, el rizoma puede hacer crecer nuevas plantas. Una pequeña pieza de un rizoma puede hacer crecer una planta completamente nueva.

En las zonas secas el trompillo suele tener espinas y aguijones. En las zonas húmedas estas puntas no son necesarias.

trompillo

Las malas hierbas nocivas

El trompillo es una hierba **nociva**. Es peligroso para los animales, las cosechas y los seres humanos. Las malas hierbas nocivas se pueden encontrar en todas partes. Los agricultores y los científicos trabajan juntos para controlar el daño que causan.

Welwitschia africana

Han pasado muchas cosas en los últimos mil años en la Tierra y la welwitschia africana lo ha visto todo. Esta antigua planta utiliza sus profundas raíces para sobrevivir en el desierto del Sáhara. ¡Esta adaptación es tan eficaz que la planta puede vivir durante cientos e incluso miles de años!

Esta planta descuidada es un trabalenguas en cualquier idioma. La welwitschia la conocen los autóctonos africanos como *khurub* en nama, *tweeblaarkanniedood* en afrikáans y *nyanka* en damara.

welwitschia africana

Ancianas

Algunas plantas viven solo una estación. Otras plantas tienen una vida mucho más larga.

más de 10,000 años
gobernadora

800 años
jabí

300 años
cuajiote

200 anos
ocotillo

100 años
cirio

50 años
agave chrysantha

¡MÁS EN PROFUNDIDAD!

Plantas protegidas

Estas plantas del desierto se han adaptado muy bien a los duros días del desierto. ¡Sus vidas dependen de ello!

Los pelos de las hojas de la Artemisia tridentata reflejan la luz del intenso sol del desierto. Estos pelos diminutos también protegen a la planta de la desecación por los fuertes vientos.

Cuando el agua está disponible la chumbera acumula la humedad en sus cojincillos esponjosos. Una vez que el clima se vuelve seco de nuevo se puede recurrir a la humedad.

Perforación Profunda

Las freatofitas también tienen largas raíces. Las raíces se llaman *raíces primarias*. Y al igual que las raíces de la welwitschia, crecen profundamente en la tierra. Algunas crecen tan profundo como 80 pies hacia dentro de la tierra buscando agua.

Las diminutas hojas del arbusto Chrysothamnus ayudan a conservar el agua. Unas hojas más grandes permitirían que se escapara demasiada humedad.

Supervivencia en el desierto

¿Dónde están todas estas increíbles criaturas del desierto? De la Tierra, un tercio es desierto. El desierto del Sáhara es el desierto más grande del mundo. Situado en África, la mayor parte de este desierto es simplemente roca y dunas de arena. La vegetación es escasa en el Sáhara.

África es también el hogar del desierto del Kalahari. Gran parte del Kalahari es pastizales. Un día puede llover con tanta fuerza que se inunda. Pero al día siguiente está otra vez sin agua y reseco.

Desiertos del mundo

Echa un vistazo a algunos de los desiertos más famosos del mundo.

Groenlandia

NORTEAMÉRICA

Gran Cuenca

Mojave

Sonora

Leyenda

☐ desierto subtropical

☐ invierno frío

■ costero fresco

SUDAMÉRICA

Sechura

Atacama

Patagonia

Los viajeros del desierto puede que deseen temperaturas más frescas. Pero no todos los desiertos son calientes. Algunos son peligrosamente fríos. La Antártida es más seca que cualquier otro continente en la Tierra. El aire seco es incapaz de mantener el calor del día. Las temperaturas pueden caer a varios grados bajo cero por la noche.

El desierto de Gobi es una gran región de Asia. Tiene un cielo azul brillante, nubes increíbles y montañas nevadas más allá de vastas arenas anaranjadas. Los vientos fuertes durante la primavera y el otoño hacen que sea difícil viajar por este desierto o sobrevivir.

Sean calientes o fríos, los desiertos son lugares peligrosos para vivir. Pero el mayor peligro en el desierto puede que sea la gente. Cada criatura del desierto se ha adaptado a sobrevivir de formas increíbles. Sin embargo, la actividad humana continúa amenazando la supervivencia de las plantas y los animales del desierto. Las casas y los caminos nuevos traen un nuevo tipo de peligro al desierto. La arena del desierto es frágil y cada especie se ha adaptado a vivir en condiciones precisas. Cuando el desierto cambia, sus posibilidades de supervivencia también lo hacen.

Personas de todo el mundo están trabajando para proteger estos lugares únicos. Los científicos están estudiando mejores formas de usar el suelo y las fuentes de agua existentes. Se plantan arbustos y árboles para restaurar la arena del desierto. Los **conservacionistas** están cavando surcos en el suelo para atrapar la lluvia. Juntas, las personas están trabajando para salvar los secretos de supervivencia del desierto.

"Un desierto puede engañar al ojo. Una llanura de la muerte al sol se convierte de repente en un paisaje de sonido, agua y vida."

—Douglas H. Chadwick, escritor

Glosario

adaptaciones: cambios en la estructura o las funciones de los organismos que los ayudan a sobrevivir

aletargados: no activos, dormidos o adormilados

altitudes: alturas sobre el nivel del mar

artrópodo: invertebrados con patas articuladas y un esqueleto externo

caníbales: que se comen a otros individuos de su especie

conservacionistas: personas que tratan de proteger los animales, las plantas y los recursos naturales

copetudas: cubiertas de pelo o plumas

crepusculares: activos en el crepúsculo

deforestación: acción o efecto de talar o quemar todos los árboles de una zona

depredadores al acecho: animales que se esconden y luego atacan a otros

depredadores: animales que sobreviven matando y alimentándose de otros

desertificación: proceso por el que la tierra fértil se convierte en desierto

dóciles: apacibles

domesticaron: se adiestraron para vivir y trabajar con personas

ectotermos: criatura cuya temperatura corporal depende de su entorno

enjambres: grandes grupos de insectos que se mueven juntos

esófago: conducto que va del final de la boca al estómago

especies: tipos concretos de animales; categorías de los seres vivos formadas por individuos emparentados que pueden reproducirse

exoesqueletos: esqueletos fuera de un organismo, en lugar de dentro

extinguido: que ha dejado de existir

homeotermos: cuya temperatura corporal no cambia cuando lo hace la temperatura del entorno

interior: zona cálida, seca y remota de Australia

matorrales: entornos caracterizados por hierbas y arbustos

monzones: vientos del océano Índico y el sur de Asia que traen lluvias abundantes en verano

nociva: dañina o desagradable

nocturnos: activos de noche

organismos: seres vivos

presagio: hecho considerado como señal o advertencia de un acontecimiento futuro

presas: animales que son consumidos por otros para ganar energía

reseca: muy seca, especialmente a causa del calor y la escasez de lluvias

rizomas: tallos horizontales de plantas, que se encuentran bajo tierra

señuelo: reclamo que atrae a los animales para capturarlos

setae: cerdas o estructuras parecidas a los pelos de un ser vivo

supersticiones: creencias basadas en mitos o leyendas

veneno: sustancia producida por algunos seres vivos para matar o herir a otros por mordedura o picadura

Índice

Bibliografía

Eamer, Claire. *Spiked Scorpions and Walking Whales: Modern Animals, Ancient Animals, and Water.* **Annick Press, 2009.**

¿Sabías que los escorpiones del desierto de hoy en día están emparentados con los antiguos escorpiones marinos que eran tan grandes como cocodrilos? Este libro presenta seis grupos diferentes de animales que tienen sus orígenes en el agua.

Latham, Donna. *Amazing Biome Projects You Can Build Yourself.* **Nomad Press, 2009.**

Aprende todo sobre los biomas de la Tierra. Los proyectos y actividades como la construcción de un terrario para cactus te ayudarán a entender lo importantes que son los desiertos y otros biomas para la salud de la Tierra.

Rice, William B. *Survival! Desert.* **Teacher Created Materials, 2012.**

Estás perdido en el desierto y con poca agua. La temperatura está subiendo y no hay nadie más alrededor. ¿Qué haces? ¿Cómo sobrevives? Este libro te dirá algunos de los secretos más importantes para sobrevivir en el desierto.

Ross, Kathy. *Crafts for Kids Who Are Wild About Deserts.* **Millbrook Press, 1998.**

Crea una marioneta de un cactus, un pisapapeles como un sapo verde y otras manualidades relacionadas con el frío desierto. ¡Simplemente reúne los materiales fáciles de encontrar y sigue las instrucciones ilustradas paso a paso de 20 proyectos!

Más para explorar

Conserving the Desert
http://www.defenders.org/desert/basic-facts

Más información sobre las amenazas a los desiertos de la actividad humana y los cambios climáticos globales, y sobre cómo puedes ayudar a preservar los desiertos.

Desert Animals and Wildlife
http://www.desertusa.com/animal.html

Descubre datos divertidos sobre los animales del desierto y cómo sobrevivir en sus hábitats extremos. Más información sobre la cadena alimentaria del desierto, ve vídeos acerca de criaturas fascinantes como la tarántula y la serpiente de cascabel.

Deserts
http://environment.nationalgeographic.com/environment/habitats/desert-profile

Lee sobre los desiertos en el sitio de *National Geographic*. Aprende sobre la vida en el desierto de Sonora y las amenazas a los desiertos del mundo. También puedes ver fotos coloridas de la vida silvestre del desierto y tomar una prueba sobre el hábitat.

Deserts
http://www.neok12.com/Deserts.htm

Juega a juegos en línea y rompecabezas, y también ve videos sobre las plantas, la fauna y los misterios de los desiertos de todo el mundo. También puedes crear una presentación en clase con imágenes e información de miles de fotos y artículos.

Acerca del autor

Timothy J. Bradley creció cerca de Boston, Massachusetts y pasaba todo su tiempo libre dibujando naves espaciales, robots y dinosaurios. Era tan divertido hacerlo que comenzó a escribir e ilustrar libros sobre historia natural y ciencia ficción. Timothy también trabajó como diseñador de juguetes en Hasbro, Inc. y diseñó dinosaurios de tamaño natural para exposiciones de museo. Tim vive con su esposa y su hijo en el soleado sur de California uno de los desiertos más hermosos del mundo.